27

供电企业生产技能人员标准化作业培训教材

输电线路停电更换防振锤

福建省电力有限公司　组编

输变电

中国电力出版社
CHINA ELECTRIC POWER PRESS

内 容 提 要

本册书是按照《供电企业生产技能人员标准化作业培训教材》体系的要求，结合生产实际编写而成。本册书共分为两大部分，主要从输电线路停电更换防振锤的工作流程、工作质量标准与控制、安全风险分析与预控、管理与记录要求等方面予以详细阐述，结合实际作业案例进行分析，并附实际作业案例相关的标准化作业指导书、作业安全质量控制卡和思考与练习等内容。

本册书作者都是长期从事电力生产一线的员工，有较为丰富的现场实际经验，所列举的案例也是实际生产过程中所发生的，具有较强的生产现场指导意义。本册书可作为供电企业输电线路生产技能人员的培训教学用书，也可作为电力职业院校教学参考用书。

图书在版编目（CIP）数据

供电企业生产技能人员标准化作业培训教材. 输变电/福建省电力有限公司组编. —北京：中国电力出版社，2012.12
ISBN 978-7-5123-3810-4

Ⅰ. ①供… Ⅱ. ①福… Ⅲ. ①供电－工业企业管理－标准化管理－中国－技术培训－教材 ②输电－电力系统－技术培训－教材 ③变电所－电力系统－技术培训－教材 Ⅳ. ①F426.61

中国版本图书馆 CIP 数据核字（2012）第 287838 号

中国电力出版社出版、发行
（北京市东城区北京站西街 19 号 100005 http://www.cepp.sgcc.com.cn）
北京九天众诚印刷有限公司印刷
各地新华书店经售
*
2013 年 1 月第一版 2013 年 1 月北京第一次印刷
787 毫米×1092 毫米 16 开本 84 印张 1766 千字
全册定价 **232.00** 元

编　委　会

主　　任　张　磊

副 主 任　陈卫中　李功新

成　　员　叶继宏　郑佩祥　黄文英　金昌榕　于建龙

任晓辉　邱兴平　陈大凤　张　荣　洪西卿

姚　亮　林　平　宋福海　连纪文　罗　松

林　宇　林　贇

编　写　组

主　　编　李功新

副 主 编　叶继宏　金昌榕　陈大凤　张　荣

编写组组长　林　平

成　　员　（按姓氏笔画排序）

王全兴　王恒山　叶立群　叶色亮　朱　菁

庄　严　庄沪生　刘志平　严有祥　李　春

李　超　李勇明　李积捷　李萌峰　杨文陵

杨志豪　杨建平　杨毓庆　连鸿松　肖颂勇

吴　达　吴志成　吴奇宝　吴辉煌　吴簪麟

邱振敏　沈明松　沈谢林　张绍明　陈　影

陈艺鑫　陈日坤　陈祥舒　陈朝晖　陈德兴
林　衡　林一泓　林志敏　林志强　林轶群
林海渊　欧世尧　欧永连　罗　松　罗　毅
金建宁　郑哲人　郑雄俊　郑黎斐　赵道阳
施　纬　施广宇　洪西卿　钱志立　翁晓锋
涂恩来　黄　亮　黄国敏　董　磊　傅智为
潘晨曦

前言

preface

为了更好地服务“五大”体系建设，提升生产技能人员良好的“职业化”行为习惯，建立与现场标准化作业生产环境一致的培训课程体系，福建省电力有限公司以现场标准化作业指导书为蓝本，组织开展生产技能标准化作业培训教材的编写工作。为确保教材的编写质量和进度，由总工程师李功新主抓此项工作，多次召集工作协调会，定期听取编写进度汇报；人力资源部负责教材编写的组织工作，运维检修部、科技信通部和调度控制中心负责教材编写的具体工作，福建省电力有限公司和基层单位技术专家组成教材编写与审定小组，公司培训中心负责教材编写框架和编写规范的制订、编写进度跟踪及其他协调工作。

本套教材集中了福建省电力有限公司众多专家学者的智慧，采用了全新的组织架构，突出了基于现场标准化作业的培训特色。本套教材分为配电专业、输变电专业和二次专业三本书，包括 91 项现场标准化作业项目（子分册），具有很强的针对性和实用性。各项目（子分册）分为两部分：第一部分介绍了各项目的工作流程、工作质量标准与控制、危险点分析与预控、管理与记录要求、作业案例等；第二部分罗列了标准化作业指导书等标准化作业文本，并结合第一部分的作业案例说明了标准化文本的填写规范。部分项目（子分册）还在附录部分对设备等内容进行了说明。

其中，配电专业分为架空线路、配电设备、计量装置及其他设备，由福建省电力有限公司运维检修部高级工程师姚亮担任编写组长，福州电业局、厦门电业局、莆田电业局、泉州电业局、漳州电业局、龙岩电业局、三明电业局、南平电业局、宁德电业局、福清电力公司、石狮电力公司、晋江电力公司、南安电力公司、长乐电力公司等单位的专家参与编写工作。输变电专业分为开关类、线圈类和架空线路及电缆，由福建省电力有限公司运维检修部高级工程师林平担任编写组长，福建省电力科学研究院、检修分公司、福州电业局、厦门电业局、莆田电业局、泉州电业局、漳州电业局、龙岩电业局、三明电业局等单位的专家参与编写工作。二次专业分为继电保护、综合自动化、直流系统和电力通信，由福建省电力有限公司调度控制中心高级工程师宋福海、科技信通部高级工程师连纪文担任编写组长，福建省电力科学研究院、检修分公司、信息通信分公司、福州电业局、厦门电业局、莆田电业局、泉州电业局、龙岩电业局、三明电业局、南平电业局等单位的专家参与编写工作。

本册由厦门电业局严有祥担任编写组长，厦门电业局叶色亮、福州电业局王全兴、泉州电业局吴志成、三明电业局沈明松、李春等编写；福建省电力有限公司运维检修部吴虹主审，福建省电力有限公司运维检修部林力辉、漳州电业局李郭然、福建省电力有限公司检修分公司倪孟华、厦门电业局胡志猛、吴增辉、福建省电力科学研究院李强等参审。

本教材在编写、审定过程中得到了福建省电力有限公司有关单位领导和专家的大力支持和帮助，在此一并感谢。同时，也感谢中国电力出版社的大力支持。

由于编者能力所限及编写时间仓促，难免存在疏漏之处，恳请各位专家和读者提出宝贵意见。

目录

contents

第一部分 标准化作业培训

1 作业描述

根据防振锤检修标准化作业指导书的内容，介绍平梯法（或软梯法、沿绝缘子串进入法）更换防振锤的工作流程和质量标准要求。通过对工艺流程及作业案例的介绍，掌握防振锤更换检修所需工器具、材料、工作流程、质量标准、作业中的危险点预控、操作步骤、管理要求等内容。

2 工作流程

停电更换防振锤的工作流程如图 1-1 所示。

3 工作质量标准与控制

3.1 引用标准

GB 50233—2005 《110～500kV 架空送电线路施工及验收规范》

GB 50545—2010 《110kV～750kV 架空输电线路设计规范》

DL/T 741—2010 《架空输电线路运行规程》

3.2 安装质量控制

（1）原防振锤有跑位现象的，必须重新核算安装距离，安装位置应严格按设计提供的安装尺寸确定，其安装距离偏差不应大于±30mm。

（2）防振锤安装距离：直线塔从悬垂线夹中心算起，耐张塔从耐张线夹的出口位置（管口）算起，有 T 接线夹时从 T 接口算起。

（3）安装时应在导线外缠绕铝包带，缠绕时应符合下列规定：

1）铝包带应缠绕紧密，其缠绕方向应与外层铝股的绞制方向一致；

2）所缠铝包带应露出线夹，但不超过 10mm，其端头应回缠绕于线夹内压住。

（4）装好后的防振锤应与地面垂直，而且连接两个锤头的钢绞线应平直，不得扭曲，设计有特殊要求时应按设计要求安装。

（5）紧固的螺栓应有弹簧垫圈，并要拧紧，受力要均匀。

（6）防振锤线夹的夹板出口方向安装应符合：两边线朝内，中线朝右。

（7）所安装的防振锤型号必须与导、地线相匹配，符合设计要求。

（8）解除原有旧防振锤时，应严防伤及导线或避雷线，注意对原有设备的保护。

（9）采用复合绝缘子的杆塔，严禁作业人员采用踩踏复合绝缘子的方法进入导线。

4 安全风险分析与预控

4.1 危险点 1：触电

事故案例

12 月 31 日上午 11:00 左右，××送电工区检修班承担处理与 330kV××线 8 号同杆

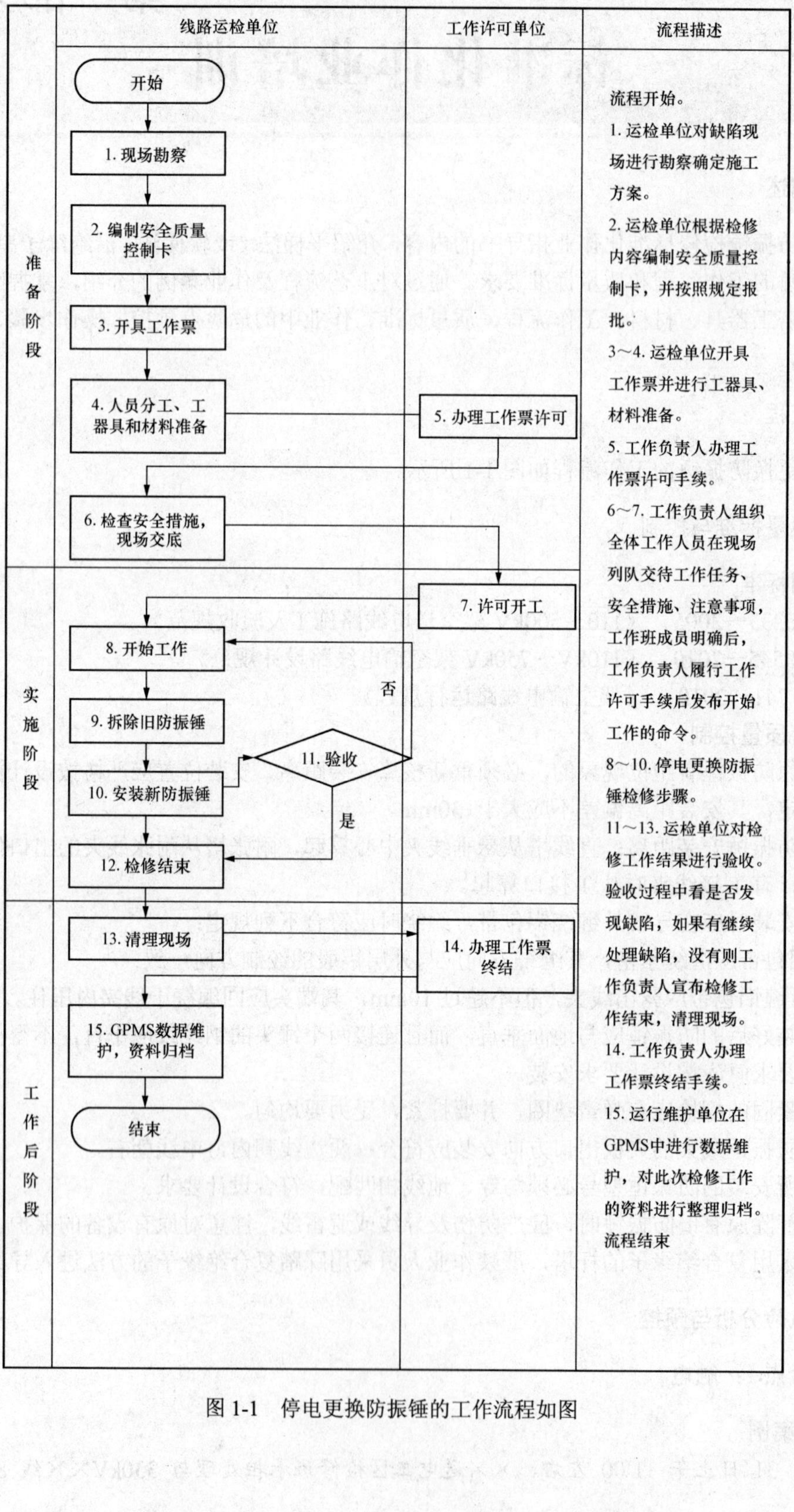

图 1-1 停电更换防振锤的工作流程如图

架设的未运行线路防振锤移位修复工作。在装设接地线时，职工林×被指派上10号塔上相横担挂接地线，上塔前，工作负责人李×专门交待其一定要将接地端连接牢靠。在由地面将两根接地线同时吊上去后，林×将其中一根放在一边，开始装设第一根接地线，林×按照规定的程序在挂好第一根接地线后，发现接地线的接地端未连接好，擅自用手将已挂好接地线接地端拆下，此时该线路的感应电压由接地线导线端的线夹通过林×双手，腿部对横担放电，导致双手被烧伤，腿部被烧伤。

防范措施

（1）安装接地线应先装接地端，再装导体端；拆除时，则应先拆导体端，才能拆除接地端。（《国家电网公司电力安全工作规程（线路部分）》第6.4.7条）

（2）工作负责人（工作监护人）应认真履行监护职责，及时制止工作人员的违章行为。（《国家电网公司电力安全工作规程（线路部分）》第5.5.2、5.5.4条）

（3）工作班成员应熟悉工作内容、工作流程，掌握安全措施，明确工作中的危险点，并自觉遵守《国家电网公司电力安全工作规程（线路部分）》等安全规章制度，认真执行安全规程和实施现场安全措施。（《国家电网公司电力安全工作规程（线路部分）》第5.5.5条）

4.2 危险点2：高处坠落

事故案例

6月26日，××供电局所辖线路四班与带电班共同处理110kV贵惠线被农民放鞭炮炸伤的导线时，工人熊×在53号杆安装中线防振锤，安全带系在有伤的导线上，导线突然断线，熊×所系的安全带脱空，不起作用，从高空摔下死亡。

防范措施

（1）在杆塔上作业时，应使用有后备绳或速差自锁器的双控背带式安全带，当后保护绳超过3m时，应使用缓冲器。安全带和保护绳应分挂在杆塔不同部位的牢固构件上。（《国家电网公司电力安全工作规程（线路部分）》第6.2.4条）

（2）高处作业人员在作业过程中，应随时检查安全带是否拴牢。（《国家电网公司电力安全工作规程（线路部分）》第7.10条）

（3）在高空作业时，要使用双保险安全带，并在使用前认真检查安全带和保险绳是否良好。在杆塔上，安全保险绳应拴在牢靠固定的构件上。（《国家电网公司电力安全工作规程（线路部分）》第9.2.1条）

（4）在导线、地线上作业，应采取防止坠落的后备保护措施。（《国家电网公司电力安全工作规程（线路部分）》第9.4.6条）

（5）在有断股、锈蚀的导线、地线上的作业，应经验算合格并经批准方可进行。（《国家电网公司电力安全工作规程（线路部分）》第11.2.7条）

（6）工作负责人、专责监护人应始终在工作现场，对工作班人员的安全进行认真监护，及时纠正不安全的行为。（《国家电网公司电力安全工作规程（线路部分）》第2.5.1条）

4.3 危险点3：物体打击

事故案例

1月7日，××公司送电一工区二队在220kV××线35号塔的附件安装工作中，工人李×在地面负责安全监护，10:00左右，在右边线安装的工人张×装第四个防振锤时，让李×在地面看看是否装正。李×随即由左侧往右前方走去，准备看防振锤装正没有。这时上面防振锤突然掉下，击中了李×头部，李×因伤势过重在送往医院途中死亡。

防范措施

（1）杆塔作业应使用工具袋，较大的工具应固定在牢固的构件上，不准随便乱放。上下传递物件应用绳索拴牢传递，禁止上下抛掷。在杆塔上作业，工作点下方应按坠落半径设围栏或其他保护措施。杆塔上无法避免垂直交叉作业时，应做好防落物伤人的措施，作业时要相互照应，密切配合。（《国家电网公司电力安全工作规程（线路部分）》第6.2.5条）

（2）在进行高处作业时，除有关人员外，不准他人在工作地点的下面通行或逗留，工作地点下面应有围栏或装设其他保护装置，防止落物伤人。（《国家电网公司电力安全工作规程（线路部分）》第7.13条）

（3）工作负责人、专责监护人应始终在工作现场，对工作班人员的安全进行认真监护，及时纠正不安全的行为。（《国家电网公司电力安全工作规程（线路部分）》第2.5.1条）

5 管理与记录要求

（1）召开班前会、班后会。

（2）将新更换的防振锤参数等台账录入GPMS系统。

（3）将班前会和班后会录音上传至GPMS系统，并做好登记。

（4）将本次作业过程记录录入到GPMS系统，进行评估和终结作业流程。

6 作业案例

110kV××线路5号塔停电更换W相防振锤作业。

6.1 作业准备阶段

6.1.1 准备工作

序号	工作项目	工作内容或要求	备注
1	勘察现场、查阅资料	1．查阅检修线路的图纸资料，了解和掌握作业所需的各种参数。 2．勘察现场，了解交叉跨越、平行线路、有无影响检修施工的障碍物或缺陷（如导线断股、挂点不牢）等情况	
2	编制作业指导书	包含更换工作任务的人员分工、作业方案、质量控制流程和工艺标准、作业危险点分析及控制措施等内容	
3	工作方法	平梯法（或软梯法、沿绝缘子串进入法）	
4	主要工器具及材料	详见班组作业安全质量控制卡	
5	作业人员资格审查	必须取得送电线路专业上岗证书，经安全技术培训并考试合格，无妨碍工作的病症	

6.1.2 召开班前会

序号	内　　容	标　　准	备注
1	人员分工	根据作业内容及工作量确定具体的人员分工	
2	技术交底	明确作业方法、工艺及质量标准	
3	进行危险点分析并制定控制措施	危险点分析及控制措施详尽并有针对性	

6.1.3 填写并签发工作票

完整填写线路第一种工作票并履行审批、签发手续。

6.2 作业实施阶段

6.2.1 作业开工

序号	工作项目	工作内容或要求	备注
1	办理工作许可手续	作业前与调度联系线路确已停电，办理工作许可手续，并且安全措施已布置完毕，可以作业	
2	宣读工作票	1．工作负责人召集全体人员列队，宣读工作票，工作人员列队认真听票。 2．工作负责人讲明工作中的危险点及控制措施，并进行提问，无问题后工作班人员在工作票上签字确认后，方可开始作业	
3	核对工作范围及设备	工作负责人接到工作许可命令后，率领工作班成员到达现场。工作负责人要亲自按工作票、缺陷传递单核对作业线路名称、杆塔号和色标	
4	工器具摆放	在杆位附近选一较平坦处，将所用工器具依次摆放好	
5	验电挂接地线	1．由专人用合格的验电器在作业地段前后杆塔验电，并设专人监护。 2．验明线路确无电压后，开始装设接地线，应先接接地端后接导线端。 3．接地线应接触良好，连接可靠，接地线不得缠绕	

6.2.2 作业内容及质量控制流程

序号	作业项目或内容	作业要求及工艺质量标准
1	人员就位及工具安装	1．登塔前正确佩戴个人安全用具，杆塔有防坠装置的，应使用防坠装置，登塔过程中，双手不得携带物品。 2．杆塔上人员，必须正确使用安全带（绳），在杆塔上作业转位时，不得失去安全带保护。 3．对于复合绝缘子，下导线时应采用软梯或平梯
2	拆除旧防振锤	1．使用扳手旋开防振锤螺栓时，应用手抓住螺栓及垫片，防止脱落。 2．防振锤螺栓生锈严重时，可用螺栓松动液或采用钢锯锯开，但不得伤及导线。 3．旧铝包带需拆除。 4．起吊和下放防振锤应绑扎牢固
3	安装、调整新防振锤	1．按导线螺旋方向，缠绕好铝包带。 2．安装位置根据设计提供，安装尺寸误差应不大于±30mm，装好后的防振锤应与地面垂直，螺钉应有弹簧垫圈，并要拧紧，受力要均匀。 3．防振锤线夹的夹板出口方向，安装应符合：两边线朝内，中线朝右

6.3 作业结束阶段

序号	工作程序名称	工作内容或要求	备注
1	作业现场清理	达到工完、料净、场清	
2	盘点工具、材料数量	按工器具和材料附表核实工具、材料数量	
3	申请办理质量验收	由验收单位按工艺标准及有关规程组织施工质量验收	
4	拆除接地线、人员撤离	工作结束后，工作负责人检查作业现场无问题，确定所有人员下塔后，下令拆除接地线	
5	办理工作票终结手续	工作负责人向工作许可人汇报作业结束，现场人员全部下塔后，线路所挂的接地线已全部拆除，没有遗留问题，可以恢复送电	

6.4 作业小结

（1）召开班后会。

（2）将新更换的防振锤参数等台账录入 GPMS 系统。

（3）班前会和班后会录音上传至 GPMS 系统，并做好登记。

（4）将本次作业过程记录录入到 GPMS 系统，进行评估和终结作业流程。

思考与练习

1．请根据以下案例进行原因分析并思考防范措施。

【案例】5 月 30 日，××供电公司按照培训计划由送电处职工张×等 3 人组织朱×（新员工）等 5 人在模拟线路上进行更换防振锤培训。在做好登塔前的安全检查及安全交底后，张×登塔作为高空监护人，新员工轮流培训出导线。9:08，朱×按规定系好安全带，并将后备保险绳挂在铁塔横担上后，出导线至防振锤安装位置。当返回铁塔行进到线路侧第一至第二片绝缘子之间时，由于绝缘子转动，身体失去平衡，翻落至导线下。朱×多次试图努力向上翻起，均未成功。当朱×再次伸出双手试图抓住横担的瞬间，安全带突然从上肢滑脱，从 12m 高处坠落至地面。经过检查朱×双腿股骨骨折、右腿髌骨骨折、左臂肱骨骨折。

2．简述停电更换防振锤的安装质量控制要求有哪些。

第二部分

标准化作业文本

1 标准化作业指导书

×× kV××线××塔停电更换、调整防振锤

作 业 指 导 书

编写：__________ _____年____月____日

审核：__________ _____年____月____日

批准：__________ _____年____月____日

工作负责人：

作业日期： 年 月 日 时至 年 月 日 时

××××公司

1　范围

本指导书适用于××kV××线路×塔×相停电更换、调整防振锤作业。检修项目包括线路防振锤移位后的复位、防振锤损坏、丢失后的更换和安装。

2　引用文件

GB 50233—2005　《110～500kV 架空电力线路施工及验收规范》
DL/T 5092—1999　《110～500kV 架空送电线路设计技术规程》
DL/T 741—2010　《架空输电线路运行规程》
DL/T 5168—2002　《110～500kV 架空电力线路工程施工质量检验及评定规程》
DL 5009.2—2004　《电力建设安全工作规程　第二部分：架空电力线路》
国家电网安监〔2009〕664 号　《国家电网公司电力安全工作规程（线路部分）》
国家电网生〔2006〕935 号　《架空输电线路管理规范》
国家电网公司　《110（66）kV～500kV 架空输电线路运行规范》
国家电网公司　《110（66）kV～500kV 架空输电线路检修规范》
国家电网公司　《110（66）kV～500kV 架空输电线路检修导则》

3　环境条件

（1）作业现场的生产条件和安全设施应符合有关标准、规范的要求。

（2）作业应在良好的天气下进行，工作中遇有雷、雨、雾及五级以上的大风等恶劣天气时，应立即停止工作。

（3）工作线路转为检修状态，导地线无损伤，两侧挂点牢靠。

4　作业人员组织与分工

4.1　作业任务及分工（另见 2 安全质量控制卡）

（1）工作负责人 1 名，负责工作组织、监护；
（2）杆上作业人员 1 名，负责验电挂接地和调整、更换防振锤；
（3）地面作业人员 1 名，负责配合传递工器具材料等。

4.2　作业人员标准与职责

√	序号	岗　位	标　　准	职　　责	其他要求
	1	工作总负责人	1. 精神状态良好、责任心强。 2. 经《电业安全工作规程》考试合格，局安保部批准可以担任送电线路工作负责人的人员	1. 组织作业人员进行安全交底、学习本指导书，并进行录音。 2. 工作票的开工、终结办理。 3. 监督工作段接地线是否挂好、足够。 4. 检查各种作业工器具、材料及劳保用品是否完备	1. 精神状态良好。 2. 具备必要的电气知识，并经《电业安全工作规程》考试合格。 3. 进入作业现场，穿合格工作服、工作鞋，戴好安全帽。 4. 作业中互相关心施工安全及时纠正不安全的行为
	2	监护人	1. 精神状态良好、责任心强。 2. 经《电业安全工作规程》考试合格，局安监部批准可以担任送电线路工作负责人的人员	1. 监护本小组作业人员的安全。 2. 对本小组作业人员安全负责	

表（续）

√	序号	岗 位	标 准	职 责	其他要求
	3	塔上电工	1．取得送电线路专业上岗证书。 2．无影响高空作业病症	1．安装、拆卸施工工具。 2．高空完成防振锤更换。 3．工艺质量主要控制人	
	4	地面电工	1．取得送电线路专业上岗证书。 2．头脑清醒、熟悉地面工作；	1．组装施工工具、防振锤串。 2．升、放施工工具、材料。 3．指导民工安全协助施工。 4．协助监护现场作业人员的安全	
	5	辅助电工（民工）	通过安全教育，掌握线路作业有关安全事项，了解工具的使用、搬运方法	1．搬运施工工具、材料。 2．协助地面电工升、放施工工具、材料	

5 作业前准备

5.1 设备了解

√	序号	准备内容及要求	备 注
	1	了解作业设备的名称、编号、位置及近邻设备情况	
	2	了解作业时的停电范围及近邻设备运行状态	
	3	了解作业杆塔型式及所处地形、地貌	
	4	了解线路导线、防振锤等部件参数及安装要求	
	5	了解防振锤缺陷情况	
	6	了解交叉跨越情况	
	7	了解当天天气状况	

5.2 工具准备

5.2.1 安全工具准备

√	序号	工具名称	规格型号	单位	数量	备 注
	1	验电笔	与检修线路设备电压等级相适应	把	2	
	2	接地线	与检修线路设备电压等级相适应	组	2	
	以上作业工器具机械及电气强度均应满足《电业安全工作规程》要求，周期预防性、检查性试验合格					

5.2.2 作业工具准备

√	序号	工具名称	规格型号	单位	数量	备 注
	1	单轮滑车	1.0t	只	1	1．绳索长度根据杆塔高度而定，更换防振锤时选用。 2．出线辅助工具可选用软梯、平梯、软梯头、飞车等
	2	尼龙千斤	$\phi16$	条	2	
	3	绳索	$\phi12$	条	1	
	4	出线辅助工具	—	套	1	
	5	测量尺	5m 卷尺	只	1	
	以上作业工器具机械及电气强度均应满足《电业安全工作规程》要求，周期预防性、检查性试验合格					

5.2.3　个人工具准备

√	序号	工具名称	规格型号	单位	数量	备　注
	1	安全帽	HT-7A	顶	5	
	2	背带式安全带	T3XB	副	2	
	3	扳手	12in	把	1	
	4	扳手	10in	把	1	
	5	钳子	—	把	1	
	6	脚扣	ϕ300~400 可调	副	2	砼杆时适用
	以上作业工器具机械及电气强度均应满足《电业安全工作规程》要求，周期预防性、检查性试验合格					

5.3　材料准备

√	序号	名　称	型　号	单位	数量	备　注
	1	防振锤	与检修线路设备相适应	只	1	带配套紧固螺栓
	2	铝包带	—	m	1	
	3	螺栓松动液	—	瓶	1	

5.4　其他准备事项

√	序号	准　备　内　容	执行时限	责任人签名
	1	按规定向调度提出停电申请，并得以许可	提前3个工作日	
	2	组织学习本作业指导书	提前1天	
	3	按《电业安全工作规程》要求填写线路第一种工作票	提前1天	
	4	准备好停电检修线路识别标志卡	提前1天	
	5	工作负责人宣读工作票，再次交待工作任务、作业危险点安全措施及注意事项	当天工作前	
	6	工作班成员明确工作任务、安全措施及注意事项后在工作票上签字	当天工作前	

6　危险点分析及预控措施

危险点	预　控　措　施
6.1　防触电、感应电	1．开工前办理线路第一种工作票
	2．采用合格验电器进行验电
	3．在工作地段两端挂接地线
	4．挂接地线要先挂接地端，后挂导线端，拆除时，顺序相反
	5．应使用合格接地线，接地线挂完后，应保证各部位连接可靠
	6．分组作业时，各工作组应按要求挂防感应电保安线
	7．接地线没有全部挂好之前禁止上塔检修，应确保全线作业人员工作完毕并已撤离后方可拆除接地线，接地线拆除后，严禁所有人员上塔
	8．工作负责人（工作监护人）应认真履行监护职责，及时制止工作人员的违章行为

表（续）

危险点	预 控 措 施
6.2 防误登杆塔	1．工作负责人应向全体作业人员宣读工作票，讲明工作地段、工作时间、任务及有关情况
	2．现场作业人员佩戴该停电检修线路的识别标志卡
	3．上塔前必须核对认清设备的名称、编号、位置及状态
6.3 防高空坠落	1．登杆塔前应检查杆根、杆塔基础是否牢固，拉线是否完好，导线是否存在断股、挂点不牢等情况
	2．登铁塔前应注意塔上是否有马蜂窝，若发现马蜂窝，应采取防蜇措施，方可登塔作业
	3．杆塔上作业必须使用安全带及个人双控保护绳，使用时安全带应系在杆塔的牢固构件上，防止受力后脱出或被锋利物割伤
	4．上下塔应抓牢杆塔主材，避免抓脚钉，进入导线上作业应有防止人员坠落的后备保护措施
	5．有妨碍高空作业的病症不得登塔作业
	6．遇有雷雨不得登塔作业
	7．酒后严禁作业
6.4 防人员砸伤	1．作业现场所有人员均应戴安全帽
	2．作业时作业位置下方不准有人逗留，传递工具、材料应在侧面进行并应绑扎牢固，不得随意抛掷
	3．杆塔上作业人员要防止掉东西，使用的工器具、小材料应装在工具袋里
	4．传递物品所用绳索应完好无断股、“灯笼”
6.5 防工具故障	1．准备工具时规格型号应匹配，性能良好、安全系数足够，并检查其外观是否良好，试验是否过期，发现有损伤或其他异常情况应停止使用，禁止冒险作业
	2．传递工具时应用绳索绑扎牢固，不得随意抛掷

7 安全措施及注意事项

√	序号	内 容
	1	严格认真执行工作票制度，各级人员安全职责明确。工作负责人在每天开工前应认真组织开好班前会，明确每个人的工作任务，安全注意事项和要求
	2	工作负责人必须在得到工作许可人的工作许可命令后，方可指挥本班工作人员在停电工作线路上验电、接地（工作段两端和可能来电的T接点），而后进行线路检修作业
	3	110～220kV 的停电检修线路上若有感应电压存在时应加挂接地线，若要进行短接线路防振锤串的工作，则必须在工作点先加挂一组接地线，而后方可开始工作
	4	对停电线路进行验电、挂接地线时，应严格按照《电业安全工作规程》规定的操作程序和要求执行。送电线路的验电接地必须使用合格的、相应电压等级的专用验电器和接地线
	5	在对线路进行验电前，必须先对验电器的声、光信号进行检查，不合格的验电器严禁使用
	6	同塔双回路架设或多回路平行走向的送电线路，其中一回线路停电检修时，作业人员上杆塔前，必须至少有两人共同确认停电线路的名称、左右线和杆塔号后，再在一人监护的条件下登杆塔作业。不得进入带电侧横担，并与带电体保持 110kV——3.0m、220kV——4.0m 及以上安全距离
	7	送电线路检修作业小组每小组至少有两人协作，工作监护人在本组人员没有触电危险的条件下，可以参加工作，但不得分散单人单杆塔单独作业

表（续）

√	序号	内　　容
	8	送电线路检修作业人员在攀登杆塔之前，应对本杆塔的本体及其基础、拉线和脚钉（爬梯）的稳固情况进行检查。凡发现杆塔本体结构改变，杆塔基础（包括拉线基础）有塌方、下陷、冲刷、开挖等危及杆塔稳定的，杆塔拉线损坏或受力不平衡的，爬梯或脚钉损坏影响作业人员安全的情况等，作业人员不得上杆塔作业。但通过对杆塔拉线的调整、修复后恢复杆塔稳定的，爬梯或脚钉修复后不影响攀登杆塔人员安全的，作业人员可继续攀登杆塔进行线路检修作业
	9	杆塔上作业人员必须使用双控安全带，而且安全带应系在杆塔上牢固的构件上，并防止安全带被锋利的构件割伤。系安全带时，应注意正确搭扣、紧固并防止松脱
	10	在邻近带电电力线路的停电线路上工作使用绳索时，应控制好绳索，避免其因风飘移造成对带电线路的安全距离不足
	11	杆塔上作业人员应使用工具包，注意防止工器具、材料掉落。工器具、材料上下杆塔应使用绳索传递，严禁直接从杆塔上扔下。使用绳索进行工器具、材料传递时，应注意规范系好、系牢被传递物品，避免其在传递过程中突然脱落。高空作业点下方和物品传递位下方不得有人员逗留
	12	在线路检修作业过程中若遇雷、雨、大风（同塔双回路架设线路五级、单回架设线路六级）天气，或其他威胁作业人员安全的情况时，作业人员应及时向工作负责人汇报，工作负责人应根据现场具体情况，可临时中断工作。连续两天及以上的线路停电检修夜间中断工作，以及上述因故中断工作后的恢复工作之前，工作负责人应事先派人对线路上的接地线等安全措施进行检查，各项安全措施完整没问题后方可继续工作。凡在中断工作时拆除线路临时接地线的，在恢复工作前必须再次先进行验电、接地后方可继续工作。凡工作票已终结的，要再次进行工作的，则必须重新办理工作票，履行工作许可手续
	13	各检修班组在停电线路上所挂接的所有临时的或固定的接地线，均必须登记在册并明确其负责人，工作结束时及时校对，确保无误
	14	采用合成绝缘子串的送电线路检修时，作业人员进出导线必须使用出线工具，不得直接沿合成绝缘子串直接进出导线。出线工具的搭架（包括单联绝缘子或合成绝缘子串的出线）必须规范、牢靠
	15	作业人员进入金具、绝缘子串时，必须首先对金具、绝缘子串的连接情况进行检查，若发现金具、绝缘子串的连接有异常或损坏，影响作业人员的安全时，作业人员应立即退出金具、绝缘子串。通过对其进行修复后不影响作业人员安全，以及确认其连接正常的，可继续进行检修作业
	16	在线路检修作业现场，任何人发现有违规者，有责任予以当场指出并予以纠正

8　现场作业流程及技术要求

8.1　开工

√	序号	内　　容	责任人签名
	1	工作负责人办理线路第一种工作票，组织安全交底	
	2	工作负责人下令在工作地段两端验电、挂接地线	
	3	工作负责人确认工作地段两端接地线均已挂好后，宣布开工	

8.2　作业内容及标准

√	序号	作业内容	作　业　工　序	工艺质量标准及注意事项	责任人签字
	1	人员就位及工具安装	1. 塔上电工带滑车、绳登塔至作业位置，安装好个人防护用具及滑车、绳。	1. 工具应绑扎牢固。 2. 作业位置下方禁止人员逗留。 3. 全体作业人员均应戴好安全帽。	

表（续）

√	序号	作业内容	作 业 工 序	工艺质量标准及注意事项	责任人签字
	1	人员就位及工具安装	2．塔上电工安装好出线工具，沿出线工具进入导线侧。 3．起吊软梯头在导线上安装好，塔上电工利用软梯头移动到防振锤位置	4．塔上电工移位时不得失去安全带和双控保护绳的保护。 5．对于复合绝缘子，下导线时不得踩踏。 6．采用瓷绝缘子或钢化玻璃的绝缘子串，可以沿绝缘子串进入导线。 7．电工在导线上移位距离较短时，也可直接利用安全带打“8”字移到作业位置，并坐在安全带上作业	
	2	拆卸防振锤	1．塔上电工用传递绳把需更换的防振锤绑扎牢固。 2．松开导线防振锤螺栓，把防振锤放至地面。 3．拆除旧铝包带	1．使用扳手旋开防振锤螺栓时，应用手抓住螺栓及垫片，防止脱落。 2．防振锤螺栓生锈严重时，可用松动液或采用铁锯锯开，但不得伤及导线。 3．旧铝包带需拆除。 4．下放防振锤应绑扎牢固	
	3	安装、调整新防振锤	1．核对测量防振锤安装位置，做好画印记号。 2．在画印处安装好铝包带。 3．按照设计及规程要求安装（调整）好新防振锤	1．吊升防振锤应绑扎牢固。 2．按导线螺旋方向，缠绕好铝包带。 3．安装位置根据设计提供，安装尺寸误差应不大于±30mm，装好后的防振锤应与地面垂直，螺栓应有弹簧垫圈，并要拧紧，受力要均匀。 4．防振锤线夹的夹板出口方向安装应符合：两边线朝内，中线朝右	
	4	拆除工具，人员下塔	1．塔上电工退到杆塔横担。 2．地面电工在塔上电工的配合下把作业工具放至地面。 3．人员下塔	1．导线侧电工退出导线时不能失去安全带和双控保护绳的保护。 2．下放工具时绑扎要牢固	

8.3 竣工

√	序号	内 容		负责人签字
	1	清理工作现场，做到人走场清		
	2	工作负责人检查现场无问题后，下令拆除接地线，办理工作票终结手续		
	3	作业总结、安全质量控制卡签字		

9 消缺记录

√	序号	缺 陷 内 容	处 理 办 法	消缺人签字
	1			
	2			

10 验收总结

序号	检修总结		责任人签字（监护人）
1	验收评价		
2	存在问题及整改意见		

11 指导书执行情况评估

<table>
<tr><td rowspan="4">评估内容</td><td rowspan="2">符合性</td><td>优</td><td></td><td>可操作</td><td></td></tr>
<tr><td>良</td><td></td><td>不可操作项</td><td></td></tr>
<tr><td rowspan="2">可操作性</td><td>优</td><td></td><td>修改项</td><td></td></tr>
<tr><td>良</td><td></td><td>遗漏项</td><td></td></tr>
<tr><td>存在问题</td><td colspan="5"></td></tr>
<tr><td>改进意见</td><td colspan="5"></td></tr>
</table>

12 附录

2 安全质量控制卡

编号：××××××

班组作业安全质量控制卡

作业名称：××kV××线××至××号塔停电更换、调整防振锤

编制：×××　　审批：×××

工作负责人：×××　　小组成员：×××、×××

作业性质：停电作业

计划时间：××年×月×日×时×分至××年×月×日×时×分

1 作业前

1.1 内业准备

序号	类　别	规　格	单位	数量	确认
1．工器具和材料					
1.1	安全帽	HT-7A	个	5	
1.2	背带式安全带	T3XB	套	2	
1.3	个人工具		套	2	
1.4	单轮滑车	1.0t	只	1	
1.5	传递绳	$\phi 12$	条	1	
1.6	尼龙千斤	$\phi 16$	条	1	
1.7	出线辅助工具	—	套	1	
1.8	测量尺	5m 卷尺	只	1	
1.9	验电笔	同线路电压等级	支	1	
1.10	接地线	截面积不得小于 $25mm^2$	组	2	
1.11	防振锤	与检修线路设备相适应	只	1	
1.12	铝包带	—	m	1	
1.13	螺栓松动液	—	瓶	1	
2．作业文件					
2.1	工作票编号	×××			
2.2	现场勘察单	□已勘察　□无需勘察			
2.2	检修记录卡				
3．录音笔					
4．实际综合人日	技工	3	民工	1	

1.2 出工准备

序号	名　　称	确认
1	任务分工	
2	出工三检查（检查作业人员着装、劳动防护用品和精神状态）	

2 作业中

2.1 班前会

2.1.1 危险点分析及安全控制措施交底

序号	危险点分析	安全控制措施	确认
1	误登杆塔	1. 设专人监护。 2. 登塔前必须仔细核对线路双重命名、杆塔号，确认无误后方可上塔。 3. 现场作业人员佩戴停电检修线路的识别标志卡	
2	触电、感应电伤害	1. 开工前必须办理线路第一种工作票。 2. 采用合格验电器进行验电并在工作地段两端挂接地线，未接到工作负责人通知，不得上塔作业。 3. 接地线拆除后，严禁所有人员上塔。 4. 凡是有进入导线作业的人员必须使用个人保安线	
3	高空坠落	1. 确认杆塔的本体及其基础、拉线和脚钉（爬梯）的稳固情况以及脚扣、爬梯等登高工具、设施是否完整可靠。手脚应抓稳踏牢。杆塔有防坠装置的，应使用防坠装置。 2. 高空作业人员应正确使用背带式双控安全带，安全带和保护绳应分挂在杆塔不同部位的牢固构件上，并防止被锋利物损坏。攀登杆塔、杆塔上移位时，双手不得持带工具物品等，作业时不得失去安全防护	
4	坠物伤人	1. 作业人员必须正确佩戴安全帽。 2. 使用工具袋，较大工具等应固定牢靠，传递物件应使用绳索，禁止抛掷。工作点下方禁止人员通行或逗留，避免垂直交叉作业，无法避免时，应做好防坠物措施。公路边作业，应装设围栏并设专人看护，防止行人进入作业现场。 3. 杆塔上作业人员要防止掉东西，使用的工器具、小材料应装在工具袋里。 4. 传递物品所用绳索应完好无断股、松股	

2.1.2 安全措施确认

我已知晓上述工作内容、地点、计划时间、人员分工、危险因素及防范措施，精神状态良好。

确认签字：

2.2 作业工序

2.2.1 作业组关键工序安全质量控制

序号	关键工序	风险提醒	确认					
1	验电挂接地线	1．对线路逐相进行验电，验明线路确无电压后，即在线路上挂接地线。 2．挂接地线时，其接地端和导线端必须接触良好、可靠。 3．接地线组件在杆塔上绑扎牢固，不大幅摆动或掉落						
2	拆除旧防振锤	1．起吊防振锤应绑扎牢固。 2．使用扳手旋开防振锤螺栓时，应用手抓住螺栓及垫片，防止脱落。 3．旧铝包带需拆除						
3	安装，调整新防振锤	1．按导线螺旋方向，缠绕好铝包带。 2．安装位置根据设计提供，安装尺寸误差应不大于±30mm，装好后的防振锤应与地面垂直，螺栓应有弹簧垫圈，并要拧紧，受力要均匀。 3．防振锤线夹的夹板出口方向安装应符合：两边线朝内，中线朝右						
4	拆除接地线	确认本班工作人员均已撤离杆塔后，指挥拆除本班所挂接的所有接地线						

2.2.2 工作监护

专人监护			是□　　否□	
杆号			监护人	登杆人

3 作业后

3.1 内业工作

序号	流　程	要　　求	确认
1	班后会	工作总结、评价及相应措施	
2	GPMS流程推进	作业管理相关内容填写、上传完整，发现、处理缺陷记录	
3	录音上传	工作许可、安全措施交待录音	
4	作业文件归档	工作票、检修报表检查并归档	

3.2 作业评价

评价情况：经检查，本控制卡：□ 合格 / □ 不合格，存在____问题，已向________________指出。

检查人：________________

____年____月____日

3 现场勘察单

现 场 勘 察 单

勘察单位：__________ 编号：__________

勘察负责人：__________ 勘察人员：__________

勘察的线路或设备的双重名称（多回应注明双重称号）：

____

工作任务（工作地点或地段以及工作内容）：__________

____

现场勘察内容

1．需要停电的范围：
2．保留的带电部位：
3．作业现场的条件、环境及其他危险点：
4．应采取的安全措施：
5．附图与说明：

记录人：________ 勘察日期：____年__月__日__时__分至__日__时__分

4 电力线路第一种工作票

×××电业局（供电公司）电力线路第一种工作票

单位：____××××____　　编号：____××××____

1．部门：____××××____　　工作班组：____××××____　　工作负责人：____×××____

2．工作班人员（不包括工作负责人）：__甲、乙、辅助工共3人__

共__3__人

3．工作线路名称（多回线路应注明双重称号）：__110kV××（左线）__

4．工作任务：

工作地点或地段（注明分、支路名称，线路的起止杆号）	工 作 内 容
110kV×××4～6号塔	110kV××5号塔更换C相防振锤

5．计划工作时间：自__××__年__×__月__×__日__×__时__×__分至__××__年__×__月__×__日__×__时__×__分

6．安全措施（必要时可附页绘图说明）：

应转为检修状态的线路间隔名称	××kV××变电站110kV××Ⅰ回××间隔 ××kV××变电站110kV××Ⅰ回××间隔
应断开线路上的断路器、隔离开关、跌落式熔断器（名称和编号）	
线路上应挂的操作接地线（应写明线路电压等级、名称、杆号和具体挂设的部位	
配合停电的线路	
其他安全措施和注意事项	

保留或邻近的带电线路、设备：

110kV××Ⅱ回带电运行

工作班组应挂设的接地线：________________共有____组

线路电压等级、名称和杆号（注明方向）	接地线编号		执行人	
	高压	低压	装设	拆除
110kV××Ⅰ回4号塔小号侧	×××		×××	×××
110kV××Ⅰ回6号塔大号侧	×××		×××	×××

工作票签发人（施工单位）：×××　××年×月×日×时×分

工作票签发人（运行单位）：×××　××年×月×日×时×分

工作负责人：×××

7．确认本工作票1～6项，许可工作：

许可方式	许可工作的时间	许可人（含非本单位配合停电许可）	工作负责人
电话下达	××年×月×日××时××分	×××	×××
	年　月　日　时　分		
	年　月　日　时　分		

8．工作负责人现场补充安全措施（针对防止倒杆、高处坠落、物体打击等的现场安全措施）：

9．工作票延期，有效期延长到：____年___月___日____时____分

延期原因：________

工作负责人签名：________　值班调度员签名：________

10．工作人员变动：

增添人员姓名	日	时	分	工作负责人签名	离去人员姓名	日	时	分	工作负责人签名

工作负责人变动：原工作负责人________离去，变更________为工作负责人。

变动时间：___年__月__日__时__分，并已通知工作许可人________。

工作票签发人：__________

11．工作终结报告：

全部工作结束，工作班人员已全部撤离，现场已清理完毕，所挂接地线共_____组已经拆除。

终结报告的方式	终结报告的时间	许可人 （含配合停电许可）	工作负责人
电话报告	××年×月×日×时×分	×××	×××
	年　月　日　时　分		
	年　月　日　时　分		

12．备注：

（1）指定专责监护人：________　负责监护（人员、地点及具体工作）：__________

____

（2）监督负责人：

（3）其他事项：①作业人员必须持有与110kV××Ⅰ回杆号牌相同颜色（红色）的登杆标记卡，经核对无误后方可上塔工作；②作业人员必须正确使用合格的双保险背带式安全带等安全防护用具；③其他安全措施和注意事项详见班组作业安全质量控制卡。

13．交任务、交安全措施确认：我对工作负责人布置的工作任务及安全措施已明白无误，所做安全措施已能确保我的工作安全。

工作班人员签名：______________________________

____

____

____

14．评价情况：

经检查本票为______票，存在______________________________

______________________________问题，已向________指出。

检查人：__________

____年____月____日

思考与练习答案

1．答：原因分析：

（1）培训安全组织薄弱，安全防范措施不到位，未采取必要的防坠落措施，安全带使用不正确。

（2）培训负责人责任心不强，未认真监护及时制止作业人员危险行为，施救措施不当。

（3）出线方法不当，模拟线路档距小，绝缘串受力小，容易发生转动。

防范措施：（1）在杆塔上作业时，应使用有后备绳或速差自锁器的双控背带式安全带，当后保护绳超过 3m 时，应使用缓冲器。安全带和保护绳应分挂在杆塔不同部位的牢固构件上。（《国家电网公司电力安全工作规程（线路部分）》第 6.2.4 条）

（2）高处作业人员在作业过程中，应随时检查安全带是否拴牢。（《国家电网公司电力安全工作规程（线路部分）》第 7.10 条）

（3）在高空作业时，要使用双保险安全带，并在使用前认真检查安全带和保险绳是否良好。在杆塔上，安全保险绳应拴在牢靠固定的构件上。（《电力安全工作规程（线路部分）》第 9.2.1 条）

（4）在导线、地线上作业，应采取防止坠落的后备保护措施。（《电力安全工作规程（线路部分）》第 9.4.6 条）

（5）工作负责人、专责监护人应始终在工作现场，对工作班人员的安全进行认真监护，及时纠正不安全的行为。（《国家电网公司电力安全工作规程（线路部分）》第 2.5.1 条）

（6）对于采用复合绝缘子或绝缘子串受力小容易发生转动的线路，可采用专用出线工具进入导线侧。

2．答：（1）原防振锤有跑位现象的，必须重新核算安装距离，安装位置应严格按设计提供的安装尺寸确定，其安装距离偏差不应大于±30mm。

（2）防振锤安装距离：直线塔从悬垂线夹中心算起，耐张塔从耐张线夹的出口位置（管口）算起，有 T 接线夹时从 T 接口算起。

（3）安装时应在导线外缠绕铝包带，缠绕时应符合下列规定：

1）铝包带应缠绕紧密，其缠绕方向应与外层铝股的绞制方向一致；

2）所缠铝包带应露出线夹，但不超过 10mm，其端头应回缠绕于线夹内压住。

（4）装好后的防振锤应与地面垂直，而且连接两个锤头的钢绞线应平直，不得扭曲，设计有特殊要求时应按设计要求安装。

（5）紧固的螺栓应有弹簧垫圈，并要拧紧，受力要均匀。

（6）防振锤线夹的夹板出口方向安装应符合：两边线朝内，中线朝右。

（7）所安装的防振锤型号必须与导、地线相匹配，符合设计要求。

（8）解除原有旧防振锤时，应严防伤及导线或避雷线，注意对原有设备的保护。

（9）采用复合绝缘子的杆塔，严禁作业人员采用踩踏复合绝缘子的方法进入导线。